„An dem Tag,
an dem in meinem Saal nicht mehr gelacht werden darf,
wechsele ich den Beruf.“

Kollegin des Amtsgerichts

Standardvermerk der Deutschen Nationalbibliothek

Feicke, Tim Oliver
Komme nicht zum Termin, bin in Südsee.
Aktenperlen und Cartoons aus der Justiz
Hamburg/Elmshorn, 2010

Herstellung und Verlag:
Books on Demand GmbH, Norderstedt
ISBN 978-3-8391-8628-2

Komme nicht zum Termin, bin in Südsee.

Aktenperlen aus der Justiz.
Gesammelte Stilblüten, Anekdoten und Schriftsätze.
100 % (R)Echt!

Zusammengetragen und mit
Cartoons versehen von
Tim Oliver Feicke

Helmut ist schuld.... Schuld an diesem Buch. Er fragte mich immer wieder nach Geschichten und Anekdoten aus dem Berufsalltag eines Richters. Und er kam eines Tages auf die Idee: „Schreib' das doch alles mal auf!".

Und Niels ist schuld. Er sammelt Comics und sonstige komische Bücher und überzeugte mich, dass es wohl tatsächlich Leute gibt, die so was auch noch lesen würden. Nach einigen Jahren als Betreuungsrichter ahnte ich bereits vorher, dass es nichts gibt, was es nicht gibt.

Der Beruf des Juristen - egal ob als Rechtsanwalt, in der Justiz, in der Verwaltung oder in den Notariaten und Kanzleien – gilt oftmals als trocken und nicht besonders spannend. Und in der Tat: Das viele Lesen langatmiger Ausführungen in dicken, nur noch mit Gürteln zusammen gehaltenen Akten (sog. „Gürteltiere") kann langweilig oder sogar zermürbend sein. Doch manchmal - gerade wenn man es kaum mehr erwartet - finden sich Sachverhalte, Ausdrücke, Stilblüten, Verschreiber oder Formulierungen, die den Leser schmunzeln oder sogar lauthals auflachen lassen.

Solche „Aktenperlen" sind in diesem Büchlein zusammengetragen. Alle Texte sind zu 100 % authentisch und von mir oder meinen Kollegen verbürgt. Sie wurden teilweise bereits unter dem Titel „Holsteiner Landrecht" veröffentlicht.

Ich danke allen Kolleginnen und Kollegen, die durch ihre zahlreichen Einsendungen zur Sammlung beigetragen haben. Allen voran den Amtsgerichtskollegen Herrn Meisterjahn aus Itzehoe, Herrn Dr. Günther aus Meldorf, Frau Lindemann und Herrn Dr. Dornis aus Elmshorn sowie dem Kollegen Herrn Döbel vom Landgericht Kiel, der mir seine seit Jahren gut gefüllte Sammlung zur Verfügung gestellt hat.

Wenn auch Sie Beiträge zu dieser Sammlung haben, dann senden Sie mir diese bitte per Mail an info@wunschcartoon.de.

Ich danke weiter Peter Schumacher für die schöne Covergestaltung (klicken Sie unbedingt einmal www.schumacher-peter.de an, es lohnt sich!) und Thies Hollm für seine unermüdliche Unterstützung bei dem Versuch, alles in eine ansehnliche Form zu setzen.

Die Richter-Cartoons stammen im Wesentlichen aus der Deutschen Richterzeitung und stellen eine Art „Best Of" der letzten vier Jahre dar.

Und nun wünsche ich viel Vergnügen bei der Lektüre!

Anmerkungen sind kursiv gedruckt.

Herzlichst, Ihr
Tim Oliver Feicke

Hamburg / Elmshorn,
Sommer 2010

Richter im Urlaub.

§ § §

Moin. *Fax eines - anwaltlich vertretenen - Beklagten:*

„Frohe Weihnachten!

Moin, Herr Amtsrichter! Was ist "Replik"? Komme nicht zum Termin, bin in Südsee, mit C ist das ja auch sonn Tüterkram."

Clever. *Zeugenanhörung in einem Ermittlungsverfahren:*

„Ich mache von meinem Zeugnisverweigerungsrecht Gebrauch, da mein Verlobter gefahren ist."

* * *

Alter. *Aus einem Urteil:*

„Der Angeklagte ist 18 Jahre und 19 Monate alt."

* * *

Von der Justiz gerettet. *Einlassung einer Dame (53) nach Diebstahl zweier Strapshalter und einer Haarspange:*

„Ich wollte es ja gar nicht! Da ich aber keine andere Arbeit bekomme, wollte ich in ein ganz altes Gewerbe einsteigen! Ich bin froh, dass man mich erwischt hat. Denn sonst wüsste ich nicht, was aus mir geworden wäre. Wer gibt Alten und Kranken denn noch eine Arbeit?"

* * *

Modern umgangssprachlich *äußert sich dieser Beklagtenvertreter:*

„In pp.
lässt die Klägerin falsch vortragen.
Das kommt nicht gut."

Da möchte der Zivilrichter doch fragen: „Klägerin, geht da noch was?"?

Mit dem Essen spielt man nicht. *Aus einer Klagerwiderung:*

> „Die Beklagten haben sich lediglich am Buffet stehend wechselseitig zum Verzehr Frikadelle und Wurst bzw. Brötchen und Melone zugeworfen. Die Beklagten bestreiten aber entschieden, dass sie sich zu einer Essensschlacht verabredet hätten."

Anamnese. *In einer Strafakte findet sich der ärztliche Aufnahmebericht der Klinik P.:*

> „Anamnese: Meinungsverschiedenheit mit Türsteher. Schlechtere Argumente.
>
> Diagnose: Rippenprellung."

Sprechende Hüte, äh... Hinweise? *Aus einer Klage:*

„Sollte das Gericht weiteren Vortrag für erforderlich halten, bitte ich um einen sprechenden Hinweis."

* * *

Denglish-vornehm *äußert sich dieser Prozesskostenhilfe-Antragsteller:*

„Sorry für das Delay zur Darlegung meiner Lebenssituation."

* * *

Münchhausen I. Zur Stimmungsbildung *nutzt dieser Rechtsanwalt den Grafen von Münchhausen:*

„....wird beantragt, die Klage abzuweisen.

Begründung:

Einleitend ist zunächst darauf hinzuweisen, dass der Erfindungsreichtum des Klägers selbst Münchhausen vor Neid hätte erblassen lassen. (...)
Ganz offenkundig sollen damit die Eltern in dem Glauben gelassen werden, der arme Bub habe nichts verbrochen und könne generell einer Fliege nichts zuleide tun."

Fortbildliche deutsche Sprache: „Selbsthellig"
Aus einem Anwaltsschreiben:

„Das Urteil ist willkürlich (...) Das Gericht hat sich in selbsthelliger Art jedenfalls den tatsächlichen Umständen verschlossen (...)."

§ § §

Wurstige Täterbeschreibung *aus einem Polizeiprotokoll:*

- „-männlich (...)
- ca. 175 cm groß
- dunkel bekleidet
- rundes Gesicht
- führt eine Wurst mit sich"

* * *

Alkoholroboter. *Aus einem Vernehmungsprotokoll:*

„An eine schlagende Bierflasche erinnere ich mich nicht."

§ § §

Aus einer Klagschrift:

„Wir treten ausschließlich als Vermittler einzelner Beförderungs- und/oder logistischer Arangmonts und Leistungen auf."

Arangmont? Moment mal -- war das nicht einer von den vier Musketieren?

Neue Jobs in der Justiz: Dolmetscher für Jugendsprache

* * *

Lustiger Straßenname. Strafbefehl gegen WOA-Besucher:

„Nachdem Sie soviel Alkohol zu sich genommen hatten, dass die Ihnen um 17.15 Uhr entnommene Blutprobe 1,62 Promille Alkohol enthielt, befuhren Sie mit einem Mofa um 16:20 Uhr öffentlichen Verkehrsraum im Bereich des Wacken Open Air Festivalgeländes, u.a. die Mambo Kurt Road im Planquadrat MM 29."

Uuuh, Mambo!

Lama? *Bußgeldbescheid des Amtes B.:*

„Das Bespucken eines Fahrzeugs, das an einem Ort steht, an dem das Parken für jedermann erlaubt ist, stellt eine grob ungehörige Handlung dar, die geeignet ist, die Allgemeinheit zu belästigen und die öffentliche Ordnung zu beeinträchtigen."

Einspruchsschreiben hierzu:

„Es laufen Vandalen herum, ich gehöre aber mit Sicherheit nicht dazu."

* * *

Wahn oder Schreibfehler? *Aus dem Protokoll einer Anhörung im Seniorenheim in einer Betreuungssache:*

„Die Betroffene ist gerade Schokoladenpudding."

* * *

Ökobilanz. *Rechtsanwalt B. beantragt folgendes:*

„Die Beklagte wird verurteilt, an die Kläger als Gesamtgläubiger eine monatliche Laubrente i.H.v. 100,- EUR zu zahlen."

* * *

Apropos Laub:

„Ansonsten sehe ich mich gezwungen, meinen Rechtsanwalt einzuschalten und ein Verfahren wegen Verläubnung und Rufmord zu beantragen."

Grundrechtsschutz. *Aus einer Klage an das Verwaltungsgericht:*

> „Das Wahlrecht meiner Mandantin ergibt sich aus dem Demokratieverbot des Grundgesetzes."

§ § §

Querulant bis zuletzt.

> „Sie können uns so lange belehren wie Sie wollen, wir verzichten trotzdem auf Rechtsmittel."

§ § §

Fotokopien.

> „Dem Landgericht lege ich Fotokopien meines Laserdruckers bei."

Wozu braucht das Gericht Bilder von einem Drucker?

§ § §

Fortbildung zum Internationalen Privatrecht?
Die Richterakademie lädt zur

> „Tagung 22 c:
> Internationaler Menschenhandel."

Verteidiger G. zog wieder alle Register....

OWi ist das schön... *Polizeihauptmeister E. in seiner Stellungnahme zu der entsprechenden Einlassung des gerichtsbekannten Autohändlers F.:*

> „Ich fühle mich durchaus in der Lage, eine Zigarettenschachtel von einem Handy zu unterscheiden. Ohne Zweifel nutzte der Betroffene ein Handy. Dass er möglicherweise zu anderen Zeiten eine Zigarettenschachtel an sein Ohr hält, will ich nicht ausschließen."

Verstoßen. *Aus der Einlassung des Beschuldigten:*

> „Ich gebe den Verstoß nicht zu, weil dieser Pkw nur als 2. Wagen bei mir läuft. Die Adresse der verstoßenen Person füge ich hiermit bei: I....."

✳ ✳ ✳

Ergebnis einer Atemalkoholkontrolle:

> „2,22 ‰."

Was soll man sagen? Eine Schnapszahl!

Professionelle Größe *zeigt dieser Hamburger Anwalt, der eine Frist versäumte und damit den Prozess verlor:*

„In pp. (...)
ärgert sich der Unterzeichner über die eigene Dummheit, wünscht aber gleichwohl allen Beteiligten frohe Ostern."

Der Osterhase berief sich zur Verteidigung
auf einen Verbotsirrtum (§ 17 StGB).
Ob dieser für ihn unvermeidbar war?

Montags früh war Richter A. immer etwas träge...

Neues Dienstrecht? *Laut Liste der Beauftragten für die Eigensicherung vom 19.12.2007 gibt es an einem Landgericht neben dem*

„Oberregierungsschrat"

jetzt auch das Amt des

„Justizoberamtsschrats."

* * *

Urlaub *Schreiben von Rechtsanwalt P. aus O.*

„Bei der Anberaumung eines neuen Verhandlungstermins bitte ich zu berücksichtigen, dass ich vom 12.02. bis 08.08.2008 (...) im Urlaub bin."

Anhörung in einem Ordnungswidrigkeitenverfahren:

„Sie sind Ihrer Kurabgabenpflicht (...) nicht nachgekommen und stellen demnach eine Ordnungswidrigkeit dar."

Neologismus. *Anklage wegen Beleidigung ("Du Dicker!" zu einem Polizisten). Einlassung des Verteidigers A. aus H.:*

„Der Angeklagte hat nicht den Ausdruck "Dicker" benutzt. Er drückt sich teilweise mit dem Wort "Digga" aus. Diesem Neologismus ist eine positive Bedeutung immanent. Der Ausdruck "Digga" ist seit einigen Jahren in aller Munde. Er stammt aus dem Künstlerbereich und bringt eine besonders freundschaftliche Verbundenheit zum Ausdruck. (...). Derjenige der das Wort "Digga" gebraucht, tut dies nicht im Rahmen einer Beleidigung; dies ist sinnbegrifflich nicht möglich, weil es einen allein positiven Bedeutungsinhalt trägt.“

Dem VorsRiOLG Dr. S. schwante unheilvoll,
dass die Beratung mit Beisitzer RiOLG H.
heute nicht einfach werden würde...

Sofa gnadenlos. *Aus einer Klage:*

„Noch heute befindet sich die Sitzfläche der Polstergarnitur in einem erbarmungslosen Zustand."

§ § §

Nur die Liebe zählt. *Begründung einer Klagrücknahme:*

„Obwohl das Pferd an einer Bronchitis leidet und noch weitere Mängel aufweist, wird der Kläger das Pferd, das er lieb gewonnen hat, behalten, betreuen und umsorgen. Der Kläger möchte vermeiden, dass das Tier unter einem jahrelangen Rechtsstreit leidet."

Wahre Liebe. *Einlassung eines Rechtsanwaltes, dessen Mandant der Geschädigten eine Flasche auf den Kopf geschlagen hat:*

> „Es ist zu berücksichtigen, dass es sich nicht um eine Auseinandersetzung zwischen wildfremden Personen handelt. Die Parteien sind immerhin miteinander verheiratet."

Muh. *Parteivortrag:*

> „Danach hat er dann einen Kuherieschen Schreianfall bekommen, dass er damit sogar die Nachmieterin einschüchterte."

Personenbeschreibung *eines Einbrechers aus einem Protokoll:*

„Ich meine, er ist ca. 180 cm groß, braune Haare, bekleidet war er auch."

* * *

Maschinell gefertigtes Gemüse? *Ein Landwirt über seine Frau laut Protokoll:*

„Meine Frau arbeitet in einer Fabrik in M.. Da machen sie Kohl und so. Ich weiß aber nicht, wie der Arbeitgeber heißt."

* * *

Fortbildliche deutsche Sprache. „Unbehelflich"

„Der Einspruch ist gänzlich unbehelflich."

* * *

Einlassung bei Rotlichtverstoß:

„Ich gebe den Verstoß nicht zu. An diesem Abend wurde mein Neffe (...) überfallen und verprügelt. Wir fuhren mit der Familie nachts durch die Gegend um diese Personen ausfindig zu machen. Die Polizei war leider nicht in der Lage dazu."

...wenn man Selbstjustiz begehen möchte, gilt die StVO also nicht?

Streitsüchtig: *Aus einem Schreiben an die Bußgeldbehörde:*

„Sehr geehrte Damen und Herren,

Wie ich das so sehe, brauchen sie die 30,- EUR sehr sehr dringend.
Ich bin aber damit nicht einverstanden und schmeiße keine 30,- EUR so einfach in die Tonne.
Ich will ja gar nichts von Ihnen, denn Sie wollen ja was von mir! In solchen Sachen bin ich sehr streitsüchtig, denn meine Verwandten kennen meine Launen sehr gut! (...)
In diesem Fall fühle ich mich massiv diskriminiert und beleidigt, solche Unverschämtheit habe ich noch nie erlebt! Darauf bin ich sehr wütend und lasse mir dieses nicht bieten! Man muss sich nicht alles gefallen lassen!"

* * *

Ungerechtes Lachen. *Aus einem Schreiben an das Gericht:*

„Ich leide sehr unter den Lügengeschichten und Intrigen der Familie L.. Erst vor ein paar Tagen komme ich aus dem Supermarkt, und Herr L. sitzt alleine in seinem Auto. Als er mich entdeckt, schlägt er beide Hände auf seine Oberschenkel, schmeißt den Kopf nach hinten und lacht und lacht..."

* * *

Grammatik-Nachhilfe für die Polizei? *In einem Einsatzbericht heißt es:*

„J. und M. schwimmten dann dort."

Richter-Latein.

Ausreichende Entschuldigung? *Ordnungswidrigkeitsvorwurf:*
Falsches Überholen im Gegenverkehr. Einlassung:

„Mit 68 Jahren mache ich so etwas nicht mehr."

* * *

Vorsorglicher Anwalt. *Eine Telefongesellschaft klagt auf Zahlung.*
Die Einwendung des Beklagten lautet schlicht:

„Geschäftsbeziehungen zwischen den Parteien werden
bestritten."

Darauf der Klägervertreter:

„Für den Fall, dass er sich in der Zwischenzeit eine
brauchbarere Ausrede, wie beispielsweise: "bei der
Inbetriebnahme des Mobilfunkgerätes sei dieses
explodiert" ausdenken sollte, wird weiter vorgetragen ..."

* * *

Orientierung. *Anhörung zur Genehmigung eines Bettgitters. Es*
bestehen Zweifel an der Orientiertheit der bettlägerigen Betroffenen. Auf
Frage des Richters weiß sie ihren Namen. Auf die Frage, wo man sich hier
befinde, erklärt die Betroffene:

„Na, im Bett."

Was zutrifft...

Wechselhaft. *Angaben zu den Witterungsverhältnissen bei einer Geschwindigkeitsmessung laut Messprotokoll:*

„Sonnig, Regen, Sturm, Orkan, Gewitter."

* * *

Dramaturgie mittels Füllwörtern. *Aus einem Anwaltsschreiben:*

„Insgesamt erweist sich jedenfalls der Arrest als außerordentlich unzulässig, jedenfalls in jedem Fall unbegründet. Angesichts einer deutlich falschen, vermutlich evident offenkundig strafbewährten eidesstattlichen Versicherung..."

* * *

Verlängerte Probefahrt. *Vorwurf: Missbrauch eines sog. „roten Nummernschildes" für Probefahrten. Einlassung eines Anwaltes für seinen Mandanten, der in Heidelberg (Baden-Württemberg) losfuhr:*

„Die Fahrt erfolgte hauptsächlich zur Feststellung und zum Nachweis der Gebrauchsfähigkeit des Fahrzeugs. Um den Erfolg der vorherigen Reparaturmaßnahme zu überprüfen, war eine lange Autobahnfahrt erforderlich. Ein Bekannter hatte ihm deshalb vorgeschlagen, den Anlass der längeren Autobahnfahrt mit einer Fahrt zu dem Wacken-Festival zu verbinden."

Wacken liegt bekanntermaßen ja gleich um die Ecke...
in Schleswig-Holstein...

Neulich, auf der Richterakademie...

§ § §

Geburtenkontrolle? *Nachdem der Kläger entschuldigt vom Termin fernbleiben durfte, schreibt der Beklagte:*

„Ich lege zu der Entbindung des Klägers Widerspruch ein.“

Wiedergeboren? *Rechtsanwalt H. schreibt:*

„Die Antragsgegnerin, Deutsche,
geborene G...., zuvor geborene L....,"

* * *

Was, bitte schön, ist das? *Herausgabeklage eines Rechtsanwalts:*

„... herauszugeben aus der Küche:
ein Gel in Form eines Reagenzglaskerzenkaffeeständers"

* * *

Freispruch durch Verwirrung? *Schlusssequenz eines
Anwaltsschreibens, die auch beim achten Leseversuch nicht zu verstehen
ist...:*

„In der Hoffnung, dass angesichts der auch nicht
ablesbaren angeblichen Geschwindigkeitsüberschreitung
unter Zugrundelegung einer auch von den Beamten zu
berücksichtigenden Toleranz von 6 km/h ist gleichfalls
ersichtlich, dass die behauptete Geschwindigkeitsüberschreitung von 14 km/h vorliegend nicht erreicht
wird."

* * *

Aus einem Betreuungsantrag, *zu der Frage, ob Eile geboten sei:*

„Eile ist geboten, weil sie mir auf den Fersen sind
(Mietrückstand ca. 2000 EUR)."

Betreuungsrichter M. hatte eigentlich gehofft, dass die ersten Sätze seines Kindes anders lauten.

Verständnis für den Mittelstand. *Aus der Klageerwiderung eines GmbH-Geschäftsführers:*

„Hohes Gericht,
uns ist verständlich, jeder will Geld verdienen. Wir können aber nicht nur draufzahlen. Das können wir nicht, wir sind am Ende. Hohes Gericht, wir haben dargelegt, wie es dazu gekommen ist, unsere Lage ist ernst.“

§ § §

Boxtrainer? *Aus einem Anwaltsschriftsatz:*

„Dem Sohn der Antragsgegnerin, D...., 8 Jahre alt, wird seit einiger Zeit unterstellt, er würde die Antragsstellerin schlagen. Die Antragsgegnerin hat den Sohn dazu eingehend befragt und über Schlagen von anderen Personen nachdrücklich belehrt.“

§ § §

Armer Vogel. *Aus dem Antrag auf Erlass einer einstweiligen Verfügung, wegen angeblicher giftiger Gase in der Mietwohnung:*

„Daraufhin sprang die Gastherme in der Küche 3-Mal kurz hintereinander an, in der Wohnung entstand ein unglaublicher Abgasgestank, der Verfügungsklägerin wurde schwindlig. Nach wenigen Minuten fing ihr in einem Käfig gehaltener Nymphensittich zunächst an, auf seiner Stange zu wackeln, dann fiel er bewusstlos auf den Käfigboden. Daraufhin öffnete die Verfügungsklägerin sofort alle Fenster in Ihrer Wohnung weit, darauf zog der Abgasgeruch ab, ihr wurde klarer, der Vogel kam wieder zu Bewusstsein.“

Artgerechte Haltung. *Aus einem Protokoll in einer Familiensache:*

> „Die Erschienenen zu 2) und zu 3) befinden sich seit der
> Eheschließung der Erschienenen zu 1) und 4) im Jahre
> 1994 in deren Haushalt und werden seitdem wie
> gemeinschaftliche Kinder gehalten.“

* * *

Halber Ehemann. *Aus einem Anwaltsschreiben:*

> „Die Beklagte ist Eigentümerin mit ihrem Ehemann zu
> 1/2 des Grundstücks...“

* * *

Sachverständiger oder Romanschreiber? *Aus einem Gutachten
zur Betreuungsbedürftigkeit des Betroffenen:*

> „Die Wohnung des Betroffenen fand sich an einer Straße,
> die Winterhude und Alsterdorf verbindet und dafür später
> zwischen Barmbeker Straße und Jahnring, ohne schmaler
> zu werden, sogar den Stadtpark in zwei ungleiche Teile
> trennt. Über großzügige Bürgersteige, auf denen sich hohe
> Eschen bis zu den Dächern streckten und breite
> Nebenstraßen unter reichlich Laubbäumen mit noch
> gelben Blättern gelangte der Untersucher zu dem an die
> Wohnblöcke aus festem Backstein angrenzenden
> Vorkriegsbau. Noch im Hausflur war der Unterzeichner
> einem Pfleger des ambulanten Dienstes begegnet, der den
> Betroffenen nochmals auf sein Kommen vorbereitet und
> es zum nächsten Termin eilig hatte....“

Neulich, kurz nach den Plädoyers...

§ § §

Hundeschau. *Aus einem Rechtsstreit unter Beteiligung zweier Hunde, eines Labradorwelpens und eines Collies:*

> „Im übrigen bleibt bestritten, dass die Tiergefahren gleich hoch zu gewichten sind, sie sind es nicht, das vom Beklagten zur Akte gereichte Foto zeigt einen kraftstrotzenden muskulösen Hund des Beklagten, während der Collie des Zeugen K. zartgliedrig und schlank ist."

Netter, vollumfänglicher Anwalt schreibt:

„Das Übergewicht, das der Kläger hat, ist nach Auffassung des Unterzeichners lediglich leicht. Wenn dieses „einen Krankheitswert" hat, wäre auch der Unterzeichner ständig krank. Dieser erfreut sich aber bereits seit etlichen Jahren bester Gesundheit trotz des Übergewichtes, von leichten Minderwertigkeitskomplexen in der Badehose am Strand einmal abgesehen."

§ § §

Alle Mann antreten zum Austreten. *Aus einer Klagerwiderung:*

„Der Beklagte befand sich außerhalb des Festzeltes, wo er austrat. Der Beklagte hatte das Festzelt hierzu verlassen und war zu einem nahe gelegenen Grundstück gegangen, wo er in der Nähe des Bauernhauses austrat, während der nachbenannte Zeuge H. lediglich 4 bis 5 Meter entfernt ebenfalls austrat. Der Beklagte war fertig und wartete noch auf den Zeugen H., als der Kläger, der nicht austreten musste, direkt auf den Beklagten zuging und diesen anrempelte."

§ § §

Furchtbar. Aus einer Einlassung des Beschuldigten, der zu schnell gefahren sein soll:

„Das kann meine Frau bezeugen. Denn die fährt IMMER mit. Es ist manches Mal furchtbar, das muss ich zugeben."

§ § §

Richtiger Antrag. Aus einer Klagerwiderung eines Rechtsanwalts:

„In der Familiensache (...) werden wir beantragen,

zu erkennen was rechtens ist."

Die optische Hervorstellung von Anträgen *ist im juristischen Schriftverkehr üblich. Etwa im Strafprozess:*

> „wird hiermit gegen den Strafbefehl
>
> ### Einspruch
>
> eingelegt."

Manche Anwälte nutzen dieses Stilmittel indes auch zur Dramatisierung, wie etwa Rechtsanwalt G aus H:

> „handelt es sich bei dem Vorwurf um eine
>
> ### Zumutung."

Oder Rechtsanwalt P aus E:

> „mein Mandant hätte
>
> ### tot
>
> sein können."

* * *

Betrugsverdacht. *Antwort eines Beschuldigten auf eine Anhörung wegen des Verdachts des Betruges.*

> „Wissen Sie, ich habe mich am Wochenende, beim Staubsaugen hier, andauernd gefragt, ob man geisteskrank sein muss, um mir solche Zeilen zu schreiben, oder ob es schon reicht, wenn man während der Arbeitszeit Alkohol trinkt."

Es wurde später Anklage auch wegen Beleidigung erhoben.

**Manchmal, wenn keiner guckte, stellte
RiAG M. den Ventilator auf höchste Stufe und
träumte von einem Amtsgericht in Gothamcity...**

* * *

Eile ist geboten. *Rechtsanwalt W. schreibt in einem
Räumungsrechtsstreit:*

> „Darüber hinaus gibt es weitere erhebliche Probleme mit
> den Beklagten auf dem Grundstück, so dass die Klägerin
> ein vitales Interesse daran hat, dass die Räumung hier
> durchgezogen wird. Ich beantrage ausdrücklich, sämtliche
> Einlassungs- und Ladungsfristen auf das Höchstmaß
> abzukürzen."

37

Boing! *Aus einem Polizeibericht:*

„Die Mitarbeiter der Tankstelle beobachteten Herrn K,
wie er auf einem Roller sehr unsicher auf das Gelände der
Tankstelle fuhr, der Mann war vollsttrunken. Dann suchte
er seine Papiere, konnte sie nicht finden, wurde wütend
und rannte mit dem Kopf gegen die automatische
Eingangstür. Es war jedoch nur der Nachtschalter
geöffnet..."

§ § §

Europapolitisch *äußert sich dieser Anwalt:*

„...wird beantragt, die Klage abzuweisen.

Die Antragsgegnerin rechnet wie die griechische
Regierung:
So wird das Vermögensverzeichnis (...) nach eigenem
Gusto ausgelegt und der dort durch Steuerberater
ausgewiesene Wert des Anwesens (....) um 750.000 EUR
aufgeblasen."

§ § §

Terminverschiebungsantrag:

„Zu diesem Zeitpunkt wurde ich zu einem Jagdausflug (...)
eingeladen mit der Zusage, garantiert ein Wildschwein
erlegen zu dürfen. Bei Verlust dieses zusätzlichen
Nahrungsangebotes (ich beziehe eine Rente von 120,--
Euro) würde mir die Justiz erheblichen Schaden zufügen.
Ab 20.02. wäre ich zurück, ich beantrage eine neue
Fristsetzung."

Nomen est omen. *Beweisantrag:*

> „Im Badezimmer bildeten sich (...) schwarze Schimmel-
> flecken, die (...) bereits gesundheitsschädliche Sporen
> gebildet haben.
>
> Beweis: Zeugnis der Eheleute Pilz."

Intellektuelle Nullbedeutung. *Schriftsatz von Rechtsanwalt B. aus
A. an das Oberlandesgericht Schleswig, das mit einer Verwerfung der
Berufung im Beschlusswege gedroht hatte:*

> „Im Übrigen ist es auch verfahrenstechnisch in jeder Weise
> unangemessen, wenn ein Gericht sich bereits zu einem
> solchen Zeitpunkt abschließend im Indikativ auf
> Ablehnung bar jeder Erfolgsaussicht festlegt und
> Versagung des Revisionsschutzes, der für
> Vorüberlegungen und dialektischen Meinungsprozess
> reserviert ist. Dies indiziert einen Missbrauch des im
> Gesetz vorgesehenen Einstimmigkeitsprinzips.
> Einstimmigkeit hat bekanntlich als solche eine
> intellektuelle Nullbedeutung, da Masse nicht gleich Klasse
> ist. Der Gesetzgeber knüpft nur äußerlich an die
> Einstimmigkeit an, weil er die ordnungsgemäß
> vorausgegangene intellektuelle Auseinandersetzung als
> selbstverständlich unterstellt. Wird diese aber willkürlich
> verletzt, entartet ein solcher Verfahrensgang zum
> selbstreferentiellen Machtmissbrauch."

Richter H. hasste diese TV-geschädigten Spaßvögel.

Münchhausen II - Aussetzende Erdanziehungskraft?
Einlassung eines Angeklagten nach Unfall wegen Trunkenheit:

„Am 17.10.2009 (...) hatte ich ein Auto gekauft. Am Tag zuvor, 16.10.2009, abends, habe ich die bestandene Führerscheinprüfung gefeiert. (...). Ich trank Bier (...).

Dass ich (...) auf die Straße fahren wollte, ist nicht richtig. Es war so, dass ich hinter dem Lenkrad des BMW gesessen habe, der Motor lief nicht, es steckte auch kein Schlüssel und ich habe auch sonst nicht auf das Fahrzeug eingewirkt. Zum Zeitpunkt des Zusammenstoßes muss mein Pkw nach vorn auf die Straße gerollt sein, ohne dass ich etwas dazu beigetragen habe. Ich war auch nicht auf den Verkehr konzentriert, da ich gerade mein Handy in der Hand hatte und eine SMS geschrieben habe."

Eine Überprüfung ergab hingegen, dass die Auffahrt an der Unfallstelle zur Straße hin bergan verläuft, der Wagen also nach oben hätte rollen müssen...

* * *

Münchhausen III - *Missverständnis bei Übersetzung?*
Protokoll einer Strafverhandlung, von Dolmetscherin übersetzte Einlassung der Angeklagten, die des Drogenkaufs verdächtigt wurde und die 50.000,- EUR in ihrer Unterwäsche versteckt hatte:

„Herr Richter,
ich war an dem Tag so durcheinander, ich hatte meine Menstruation. (...) Und als die Beamten was von einem Bußgeld sagten, dachte ich, die wollten mich wegschicken und mir das Geld für den Bus geben."

§ 130 a ZPO ermöglicht den elektronischen Schriftverkehr.
Als Richter Dr. C. die erste Klage per eMail erhielt,
wurden seine schlimmsten Befürchtungen noch übertroffen...

Mut. *Aus einem Schreiben an das Verwaltungsgericht:*

„Das ich langsam das Mut der Verzweiflung verliere, ist doch verständlich."

§ § §

Ach so. *Aus einem Parteischreiben:*

„Am 12.10. war ich weder in der Lage, das Gericht telefonisch zu informieren noch hatte ich die Möglichkeit, das Gericht anzurufen."

§ § §

Frust. *Schreiben eines Verurteilten:*

„Das Schwein H. bekommt von mir keinen Cent Schmerzensgeld, denn dann müsste ich vor Gericht gestellt werden.
Von 600,- EUR kann er sich 200mal vollkiffen und wer weiß, wie viele alte Leute er dann von hinten angreift, denn arbeiten will er ja nie mehr.
Ursula von der Leyen sollte sich den mal zur Brust nehmen."

§ § §

Mit was man sich befassen muss. *Urteilstenor:*

„Der Beklagte wird verurteilt, an die Klägerin 255,20 EUR (...) zu zahlen - Zug um Zug gegen Übereignung des Fischkopfpräparates "Lengkopf / Molva Molva""

Der Dame ging es mal wirklich schlecht. *Aus einem Protokoll einer Anhörung zum drohenden Bewährungswiderruf:*

„An ein Schreiben des Gerichts von Dezember kann ich mich nicht erinnern. Zutreffend ist aber, dass es mir ganz schlecht ging. Ich war gesundheitlich ganz unten. Ich hatte ca. ein viertel Jahr lang die Grippe, es bestand auch der Verdacht auf Schweinegrippe, ich glaube aber, dass das auch psychische Gründe hatte.
Dann hab ich mir bei Penny die Rippe angeknackst. Irgendwie kam ich nicht mehr hoch und ich kam aus meiner schlechten Phase nicht mehr raus.
Ich hatte auch Streit mit meiner Schwiegertochter. Die hat regelrecht Psychoterror ausgeübt. Sie hat mich um 1.400,- € Kaution betrogen. Es ging mir so schlecht, dass ich mir auch letzten Endes ein Ende setzten wollte und mir das Leben nehmen wollte. Als ich dann bei Hertie schon an der Krückau stand, war aber gerade Ebbe.
Ich muss sagen, dass ich heute auch schon wieder darüber schmunzeln kann, allerdings war es damals wirklich dramatisch.“

* * *

Offene Gerichtstür. *Aus einer Vollstreckungsandrohung:*

„Sollte die Zahlung bis zu dem o.g. Termin nicht erfolgen, wird automatisch eine Türöffnung beim zuständigen Gericht veranlasst.“

* * *

Motormann. *Aus einem Schriftsatz:*

„Der Kläger hatte dem Beklagten einen anderen Motor eingebaut...“

Das Gericht war von den Wiederholungen angeödet.
Verteidiger K. suchte mal wieder
Germany's Next Top-Zeugen...

Wiegen Herrenunterhosen 50 Gramm? *Berechnung des Aufwandes für die Reinigung von Dienstkleidung (im Rahmen eines Prozesskostenhilfeantrags einkommensmindernd geltend gemacht):*

„...an 62 Diensttagen Sport =
62 Unterhosen á 50 g,
62 Socken á 50 g,
62 T-Shirts á 200 g,
62 kurze Hosen á 300 g etc. genutzt.
Die Gesamtaufwendung beträgt 75,95 kg, was 15 Wäschen ergibt, davon 5 á 60 Grad x 1,38 EUR und 10 Wäschen á 40 Grad x 1,32 EUR (....)"

§ § §

Freunde. *Aus einem Schriftsatz:*

„Durch Zufall trafen wir im Straßenverkehr ein befreundetes Auto."

§ § §

Den Gerichten überlassen. *Aus einem Kripo-Bericht:*

„In Syrien würde man ihr sofort den Kopf abschneiden, wenn nicht vorher der Vater, wie nach der Tradition gefordert, seine Tochter töten würde. Herr Y. führte hierzu an, dass dies in Deutschland natürlich den Gerichten überlassen wird."

§ § §

Brutal. *Aus einer notariellen Urkunde:*

„Im Kaufpreis enthalten sind alle Erschießungs- und Anliegerbeiträge."

Proberichter, 1. Tag : „Die Kammer des Schreckens"

* * *

Kranker Typ. *Aus einem Anwaltsschreiben in einem Zivilrechtsstreit:*

„Bei dem Kläger handelt es sich um eine akute Gesundheitsstörung mit deren Ausheilung innerhalb von 2 Jahren zu rechncn ist."

* * *

Affenartig geschickter Ladendieb: *Protokoll eines Ladendetektivs:*

„Am Ständer hängend entfernte er den zweiten Bügel und ging nun mit drei Hosen in die Anprobe."

Tierschutz. *Aus der Strafanzeige eines Nachbarn :*

„Ich möchte hinzufügen, dass vor ca. 6 Wochen wiederum grob fahrlässige Tierschutzverordnungen missachtet wurden. (...)
Diese Missachtungen und die Respektlosigkeiten von Tieren gehen schon seit Jahrzehnten."

§ § §

Ganz vornehm, der Herr Schläger. Möchten Sie bitte folgen? *Aus einer Anklageschrift:*

„Nun zog der Angeschuldigte seinen Mantel, seine Schuhe und sein Hemd aus und forderte den Polizeibeamten auf, ihn zwecks Durchführung einer Schlägerei in den Innenhof zu begleiten."

§ § §

Fortbildliche deutsche Sprache: „Zerreizen."
Protokollierte Zeugenaussage:

„Seine Aussage war dann nur noch: "Zerreize deinen Arbeitsvertrag und hol deine Papiere ab.""

§ § §

Wirkliche Armut. *Aus einem Antrag auf Gewährung von Prozesskostenhilfe:*

„Der Kläger ist arm im Sinne des Gesetzes. Er lebt von Frau und Kindern getrennt."

48

Hartgesottener Helldriver. *Unfallbericht der Polizei:*

„01 befuhr mit seinem Pkw die Bundesstraße in Richtung K.

Ca. 100 m vor dem Unfallort lenkte 01 seinen Pkw auf die Gegenfahrbahn, so dass ein entgegenkommendes Fahrzeug bremsen und ausweichen musste. Nachdem 01 seinen Pkw wieder auf die Richtungsfahrbahn lenkte, kam er von der Fahrbahn nach rechts ab. Dort fuhr er über einen ca. 50 cm tiefen Graben und setzte seine Fahrt ca. 50 m über ein unbestelltes Feld fort.

Am Ende des Feldes kreuzte 01 den K.-weg, durchbrach eine ca. 2 m hohe Buchenhecke und zerstörte dabei ein hölzernes Reklameschild.
Danach überschlug sich der Pkw mehrmals auf dem Grundstück des Geschädigten und kam an einer Hauswand eines dortigen Gebäudes zum Stillstand.

01 verließ kurzzeitig den Pkw und versuchte dann den Weg mit seinem Pkw fortzusetzen."

Die Atemalkoholprobe ergab 2,43 ‰...
- *um 9.51 Uhr morgens.*

* * *

Unfallerfahren. *Aus einem Polizeiprotokoll:*

„Die Notärztin stellte Herzrasen und einen erheblichen Bluthochdruck fest.
Herr Sch. lehnte einen Transport ins Krankenhaus absolut ab, er gab an, das sei lediglich die Aufregung nach dem Verkehrsunfall, er kenne das, das habe er schon öfter nach jeweils Verkehrsunfällen gehabt."

Warum Betreuungsrichter bei Anhörungen auf der geschlossenen Psychiatrie immer ihren Dienstausweis dabei haben sollten...

Ausrede? *Im Protokoll einer Verhandlung über eine Ordnungswidrigkeit finden sich folgende Einlassungen.*

„Einlassung des Betroffenen:
Ich war nicht der Fahrer, das war entweder meine
Schwester oder mein Vater."

Sodann Fortsetzungstermin mit Schwester und Vater als Zeugen.

„Aussage der Schwester:
Das auf dem Foto bin ich nicht, das ist doch ein Mann.

Aussage des Vaters:
Das auf dem Foto bin ich nicht, das ist ein jüngerer Mann.
Ob das mein Sohn ist, weiß ich aber auch nicht. Mein
Sohn hat jedenfalls eine Katze, die so ähnlich aussieht."

Ob die Katze geladen wurde, ist nicht bekannt.

§ § §

Bekleidetes Auto. *Aus einem Polizeibericht:*

„Der uniformierte Streifenwagen setzte sich sofort hinter
das Fahrzeug...."

§ § §

Geht nur bei Männern: *Aus einem Antrag auf Gewährung von Prozesskostenhilfe zu der Frage „Angehörige, denen Sie Unterhalt gewähren":*

„K. , geb. 01.09.2000,
J. , geb. 23.10.2000"

Nach all den Dienstjahren wunderte
sich RiAG G. über gar nichts mehr...

Obst gefährdet die Gesundheit. *Aus einer Zivilklage:*

„Der Kläger wollte eine Mandarine auf einen fahrenden Zug werfen.

Da der Zug an seiner Seite bereits unter der Brücke durchgefahren war, wollte der Kläger die Mandarine unbedingt auf diesen Zug werfen und lief, nach eigenen Angaben, nachdem man kurz nach links und rechts sah, nach anderen Angaben, ohne nach links und rechts zu sehen, über die Straße auf die andere Seite hinüber, um dort wie beabsichtigt die Mandarine auf den Zug zu werfen.

Tatsächlich gelang ihm dies aber nicht, weil das dem Beklagten zu 1) gehörende Auto ihn erfasste (...) und hoch schleuderte. (...)
Der Kläger wurde dann in das Klinikum I. eingeliefert."

§ § §

Zum Nachdenken: *Anfrage des Notars B.:*

„...erbitte ich kurze Sachstandsanfrage."

§ § §

Naseninhalt. *Aus einem polizeilichen Sektionsprotokoll:*

„In der Nase befand sich kein ungehöriger Inhalt."

Deutsche Richter im Ausland...

Sorgerecht für den Hund. *Antrag auf einstweilige Verfügung:*

„Dem Antragsgegner wird geboten, den Rottweilerrüden „C. von R.", Tätowierungsnummer ..., an die Antragstellerin an folgenden Tagen und zu folgenden Uhrzeiten herauszugeben:

  - jeweils montags um 13.30 Uhr in Q.
  (Rückgabe jeweils dienstags um 07.45 Uhr in Q.)
  - jeweils mittwochs um 16.30 Uhr in Q.
  (Rückgabe jeweils donnerstags um 07.45 Uhr in Q.)
  - jeweils samstags um 10.00 Uhr in K.
  (Rückgabe jeweils sonntags um 10.00 Uhr in Q.)
  - alle 14 Tage jeweils samstags um 10.00 Uhr in Q.
  (Rückgabe jeweils dienstags um 07.45 Uhr in Q.)

Begründung:

(...) Die Antragstellerin ist seit Erwerb des Hundes die primäre Bezugsperson.
Die Antragstellerin muss ernsthaft befürchten, dass die Beziehung zu dem Hund und die persönliche Bindung vollständig verkümmert. Da die Gefahr der Entfremdung zwischen Antragstellerin und Hund C. umso größer wird, je länger der Antragsgegner den Umgang mit dem Hund verweigert, ist Eile geboten. Darüber hinaus ist es auch erforderlich, dass C. regelmäßig Hundesport macht."

Christliche Nächstenliebe. Aus einem Zivilrechtsstreit:

„Aufgrund der Empfehlung von Jesus Christus "und wer mit dir rechten und den Rock nehmen will, dem lass auch den Mantel" nehme ich die Klage namens der Klägerin zurück."

* * *

Nicht mal ein richtiger Schaden? Aus einer Klage:

„(...) das Fahrzeug deshalb mangelhaft ist, weil es einen unfachgerechten Heckschaden hat, über den der Kläger nicht informiert wurde."

* * *

Hungriger Dieb – totes Milchspeiseprodukt?
Polizeiprotokoll nach Einbruch auf Tankstelle.

„Geklaut worden ist:
3 kg Wurstaufschnitt
80 Frikadellen
15 Stück Kuchen
1 Karton Brötchen
50 Baguettes
1 Karton Schrippen
verschiedenes Speiseeis"

Karnevalsbekanntschaft? Einlassung in einer Familiensache:

„Ich möchte an dieser Stelle anmerken, dass die von mir
später benannte Zeugin R. weder meine Frau noch
Freundin ist.
Ich bin lediglich der Vater ihrer Tochter V."

* * *

Erklärung eines Schuldners, *der seine Schulden nicht zahlte, aber
Möbel kaufte:*

„Schulden u.s.w.:

Und dann musste ich ja auch noch den Hall aus meiner
leeren 1-Zimmer-Wohnung vertreiben."

* * *

Teststrecke. *Aus einem Ordnungswidrigkeitenverfahren. Der Betroffene
wurde um 17.05 Uhr mit 45 km/h zu viel geblitzt, wendete nach ca. 300
Metern und wurde um 17.06 Uhr in der Gegenrichtung nochmals geblitzt -
diesmal mit 47 km/h zu viel. Einspruchsbegründung:*

„Das Auto hatte einen Defekt gehabt, ich wollte testen, ob
es endlich wieder normal beschleunigt."

Die eigentlichen Probleme des Betreuungsrechts bestehen
in den Verständigungsschwierigkeiten mit
den medizinischen Sachverständigen...

Die Diskussion über Online-Durchsuchungen offenbarte leichte technische Wissenslücken in der Richterschaft...

* * *

Bekanntes Schnaufen. *Aus einem Protokoll:*

„Ich war jedoch sehr bald überzeugt, dass es sich bei dem Anrufer um meine damalige Ehefrau handelte.

Dies schloss ich daraus, dass ich zum Teil ein Schnaufen am Telefon hörte, das mir aus unserer gemeinsamen Ehezeit bekannt ist."

Nicht mal einen Grund für das Zerstückeln genannt.
Rechtsanwalt P. schreibt:

> „Die Klägerin ist dann an der Haltestelle B. aus dem Bus
> gestiegen. Plötzlich lief der Beklagte neben ihr.
>
> Der Beklagte hat die Klägerin dann angesprochen und
> dieser angedroht, dass er die Klägerin zerstückeln wolle.
>
> Warum, hat der Beklagte nicht gesagt."

§ § §

Eine Menge Mängel? Aus einer Klage:

> „Diese Operationskosten sind im Rahmen der
> Menge-Gewährleistung (...) durch die Beklagte zu
> ersetzen."

§ § §

Rosenkriegsberichterstattung. Aus einem Gutachten:

> „Beide Ehepartner bekämpften sich zum Schluss der Ehe
> durch wechselweise außereheliche Beziehungen.
>
> Das Produkt dieses Kampfes ist der Patient, der aus der
> sexuellen Beziehung der Mutter des Patienten mit dem
> Ehemann der Geliebten ihres Ehemannes entstanden ist."

Konterkariert. *Stellungnahme in einem Anwaltshaftungsprozess:*

„Damit würde gerade der mit dem Entzug der Anwaltszulassung verfolgte Zweck konterkariert werden, denn es soll damit gerade sichergestellt werden, dass Mandanten entgegen ihren tatsächlichen Interessen beraten werden."

* * *

Hindernisse usw. *Aus einem Anwaltsschreiben:*

„Es könnte ja schließlich auch ein Kind oder ein Hund usw. vor das Auto fahren."

* * *

Weisheitstatbestand. *Einspruchsschreiben:*

„Ich habe immer geglaubt, dass ein Richter sehr viel Weisheit erlernen muss, aber ich bin zu dem Tatbestand gekommen, dass es nicht so ist. Belehren Sie mir eines anderes."

* * *

Note: Gut. *Aus einer Ermittlungsakte:*

„S. hat die Straftat ohne jegliche Beanstandungen hinter sich gebracht."

RiAG Günnsen besaß das Talent, jede noch so langweilige
Verhandlung über Nachbarschaftstreitigkeiten
spannend zu gestalten...

Wer hält wen? *Aus einer Klage:*

„Die Klägerin war im Juli 2009 gemeinsam mit ihrem
Mann und ihrem Labradorhund "P..." in B. in Urlaub.

Ihr Hund "P...." hielt sie, wie es die Gemeindeverordnung
der Gemeinde B. in § 6 Abs. 1 vorsieht, an einer Leine
fest."

* * *

Neulich im Fahrstuhl. *Stellungnahme eines Verurteilten, dem der
Widerruf der Strafaussetzung zur Bewährung angedroht wurde, weil er
erneut einen Ladendiebstahl begangen haben sollte.*

„Hirmit möchte ich meihne Stellungsnahme mit teilen,
und es war so ich und meine Verlobte haben bei S.... ein
paar Kinder sachen gekauf für unserem Sohn, und da wir
nich die Rollsteppe, mit dem Kinderwagen hoch fahren
konnten, da sind wir mit dem Fahrstuhl gefahren, und auf
dem Rück weg sind wir auch wieder runder gefahren, und
als wir im Fahrstuhl waren da lang ein Karton, und es war
ein Telespiel, und ich habe mir das dann angekot, und
weil da kein Preis drauf war, da habe ich vermutet das es
einer lingen gelassen hat, und dahr habe ich es mit
genohmen ohne über Legen ob es einer gekaut hat, und
daher bin ich raus gegen und haben sie mich gereffen und
war für mich eine peinliche sache. Ich werde denächt
besser auf passen was im Fahrstuhl liegt."

Mehrhälsig? *Polizeivermerk:*

> „Am heutigen Morgen habe die Person den Geschädigten gegen 05.30 Uhr mit einer Gabel attackiert und in den linken Hals gestochen."

§ § §

Definition der Alleinreisenden. *Aus einem Anwaltsschreiben:*

> „Als alleinreisende Frau (= ohne männliche Begleitung) ist man besonders gefährdet."

§ § §

Fortbildliche deutsche Sprache: „Koparieren."
Aus einem Ordnungswidrigkeitenverfahren:

> „Bei der Vernehmung von dem Herrn F. versuchte ich mit den Beamten zu koparieren."

§ § §

Bodentanz. *Zeugenvernehmung:*

> „Ich war betrunken. Ich habe getanzt. Mein Körper war dabei sehr nah am Boden."

Nach dem Beschluss des Bundesverfassungsgerichts vom 19.12.2007 (1 BvR 620/07) nahm die Berichterstattung direkt aus dem Gerichtssaal zwar zu, verflachte aber inhaltlich...

* * *

Mit Latein zum Freispruch? Ende eines Schreibens eines Betroffenen im Ordnungswidrigkeitenverfahren:

„Zum Abschluss dieses Schreibens ein kleiner rechtsphilosophischer Aphorismus:

Ius est ars boni et aequi.

In diesem Sinne verbleibe ich mit freundlichen Grüßen"

Shake - and box. *Aus einer Klage:*

„Hierbei bemerkte der Kläger (ein Polizeibeamter), dass sich der Beklagte schüttelte, so dass er das Gefühl hatte, dieser bringe sich regelrecht in Stellung für den nachfolgenden gezielten Faustschlag in das Gesicht des Klägers."

§ § §

Lebendig. *Aus einer notariellen Urkunde:*

„Ich bin in M. geboren, aufgewachsen, zur Schule gegangen und habe ich auch während meiner Ehe sowie im Witwenstande immer gelebt."

§ § §

Interessant? *Aus einer Anklageschrift:*

„Die Angeschuldigte wurde als Zeugin vernommen und bestätigte dabei im Wesentlichen die Einlassung ihres Mannes. Dieser habe die Wohnung nicht verlassen, sondern sei lediglich auf die Toilette gegangen. Anschließend habe sie ein "Gebölke" gehört. Ihr Ehemann sei kurze Zeit später wieder von der Toilette zurückgekommen. Die Angeschuldigte wusste, dass diese Aussage falsch war."

Sind Gerichte so baufällig? *Aus einer Klage:*

„Es dürfte gerichtsbekannt sein, dass sich Deckenputzbrocken ziemlich rückstandsfrei von Möbeln absammeln lassen."

* * *

Nicht schön warm fürs Auto. *Aus einem Mietvertrag:*

„ein Parkplatz für € 16,- mtl., netto kalt."

* * *

Ein-hebel-spül-tisch-batterie. *Aus einer Klagerwiderung:*

„Die Einhebelspültischbatterie war bei Abnahme der Wohnung 28.02.2007 in Takt."

* * *

Abschweifende Fledermäuse oder abschweifender Anwalt?
Auf S. 120 der Akte trägt der Kläger vor:

„Auch die Fledermausgeschichte, die offenbar die Zustandsbehauptung der Beklagten stützen soll, stammt ersichtlich aus dem Reich der Legenden.
Dass mit Ultraschall navigierende Fledermäuse sich in Häuser "verirren", soll mitunter in Transsylvanien berichtet worden sein, nicht jedoch aus Stelle-Wittenwurth."

Versöhnung? *Stellungnahme eines beklagten Ehemanns, der von seiner Frau auf Schmerzensgeld verklagt wurde, nachdem er ihr viermal mit einer Wodkaflasche auf den Kopf geschlagen haben soll:*

„Ich bitte darum, meiner Frau O. K. keine Prozesskostenhilfe zu gewähren. Insgesamt bedaure ich den Vorfall vom 18.07. Es war ein Ausbruch aufgestauter Wut, weil schon jahrelang alle familiären und finanziellen Entscheidungen über meinen Kopf hinweg gefällt wurden. Ich bekam nicht einmal Taschengeld! (...)
Unabhängig vom bisher gesagten verstehe ich mich mit meiner Frau zwischenzeitlich ganz gut.
Die Streitigkeiten gingen in der Vergangenheit auch hauptsächlich um die Kinder und mit den Kindern.
Wenn diese erst einmal aus dem Hause sind, kann ich mir ein späteres Zusammenleben mit meiner Frau durchaus wieder vorstellen. Es sollten vielleicht lieber Versöhnungsgespräche stattfinden."

§ § §

Nochmals Ehekrach. *Auf einer Postkarte an das Gericht:*

„Habe Ihren Brief erhalten.
Wünsche mit mein Frau unverzüglich zur besprechung einladen. Sie ist immer noch ne Vertrauensperson.
Auch wenn Sie fremd geht. Einen fast letzten Wunsch darf ich auch haben. ... Ich möchte Gerechtigkeit."

§ § §

Kriegserklärung? *Aus einer Klage eines Vermieters:*

„Der Mieter hat den Mietfrieden gestört."

Fortbildliche, deutsche Sprache: „Preistapete"

„Die Wohnung ist mit einer mittel bis gehobenen
Preistapete renoviert."

* * *

*Wie zeigt man als Beklagtenvertreter bereits im ersten Satz
der Klageerwiderung Zähne? Rechtsanwalt P. kann's:*

„In dem Rechtsstreit...
beantrage ich, die Anträge kostenpflichtig abzuweisen, bei
den Antragstellern handelt es sich um zwei verbitterte alte
Leute."

* * *

*Der dicke K. kann schon wieder nicht von den Damen lassen.... Aus
einem Protokoll in einer Betreuungssache:*

„Die Betroffene hat einen dicken Kubitus an beiden
Fersen."

* * *

Viel getankt? Polizeiprotokoll nach Schlägerei im Tanzlokal „T.":

„Einsatzort: Tanklokal T."

Neulich, kurz nach der neuen Geschäftsverteilung im Amtsgericht...

Standardschutzbehauptung? *Aus einem Klägerschriftsatz:*

> „Sofern der Beklagte behauptet, er habe die Rechnungen nicht erhalten, so handelt es sich hierbei um eine Standartschutzbehauptung eines jeden ordentlichen Schuldners. Genau deswegen bleibt sie belanglos.“

* * *

Kollegen. *Im Regionalexpress Elmshorn - Pinneberg wurden zwei junge Männer angetroffen, ohne Fahrschein aber mit einem großem Plasma-Fernseher ohne Verpackung. Aus dem Polizeiprotokoll :*

> „Zunächst gehörte der Fernseher einem Freund aus München, später (...) „Müller“ und dieser habe ihn von „Peter Schröder“ (....)“

Später:

> „Den habe ich von einem Kollegen und der hat ihn von einem Kollegen und der hat ihn von einem Kollegen!“

* * *

Berufsgatte. *Anhörung im Bußgeldverfahren zum Beruf:*

> „Ich bin verheiratet. Meine Frau zahlt alles. Ich habe vor 2 Jahren noch mal geheiratet.“

Und noch mal der Berufsgatte nach der Rücknahme eines Einspruchs laut Protokoll:

> „Dann muss meine Frau das halt zahlen.“

Schlechter Tag. *Einlassung:*

„Die Betroffene wollte ihr Kind stillen. Sie stieg aus, holte ihren Sohn aus dem hinteren Teil des Autos nach vorn und legte hierfür ihr Portemonnaie auf das Autodach. Nach dem Stillen des Kindes wurde es nach hinten in den Babysitz gelegt.
Gleichzeitig entschloss sich die Betroffene aber, nicht mehr in S., sondern daheim in E. einzukaufen. Sie fuhr somit weiter, vergaß dabei aber, dass das Portemonnaie noch auf dem Wagendach lag. Dies fiel ihr plötzlich kurz vor W. ein.
Die Betroffene fuhr mit ihrem Sohn schnell nach Hause, um ihn dort abzugeben und eilte dann aufgelöst und verzweifelt in Richtung S.. Leider fuhr sie auf dieser Rückfahrt viel zu schnell. Sie wurde deshalb gegen 11.55 Uhr in H. geblitzt.“

* * *

Fröhliche Kündigung. *Rechtsanwalt A. aus E. schreibt:*

„Hierauf entwickelte sich mehr oder weniger heftig ein Streit zwischen den Parteien, infolgedessen die Klägerin die Auffahrt unter Absingen schmutziger Lieder verließ, nachdem die Beklagte abschließend zynisch äußerte, dass sie - die Klägerin - sich ja mit dem Ausziehen drei Monate Zeit lassen könne.“

Richter K. träumte vom Gold bei Olympia...

Mein Freund, der Rechtsanwalt. *Schreiben an das Amtsgericht:*

„Sehr geehrte Damen und Herren,

mein Lebensgefährte K. ist Rechtsanwalt (Steuer und Arbeitsrecht) und Insolvenzverwalter; derzeit in H.. Wir möchten gerne unseren gemeinsamen Lebensmittelpunkt Richtung Norden verlagern, weil es hier schöner ist und ich aus Hamburg komme bzw. arbeite (außerdem wer ist und schläft schon gern alleine; kleiner Scherz am Rande). Ich möchte Herrn K. gerne eine Freude machen (überraschen) und vorab einen Kontakt zu Ihnen herstellen mit der Bitte um nähere Information, in welcher Form er sich bei Ihnen bewerben kann."

§ § §

Gesichtsverlust. *Aus einem ärztlichen Gutachten:*

„Fremdamnanestisch wird durch die Nachbarin angegeben, dass Frau H. verwahrlost zu Hause lebe und nicht in der Lage sei sich selbst zu versorgen.

Auffällig ist eine Gesichtsabnahme sowie inadäquates Verhalten."

Eklig. *Mit was man sich beschäftigen muss…*
Frage an den Sachverständigen:

> „Zur Position „Ratte im Sofa": Teilt der Sachverständige die Auffassung, dass sich eine Ratte nicht von selbst (…) auf ein Sofa begeben und dort festkleben kann?"

* * *

Fortbildliche deutsche Sprache: „Strebergarten."
Text einer SMS, ermittelt durch Telefonüberwachung:

> „Ey digga wir ham nen haus abgefackelt im strebergarten."

RiOLG R. Pilcher...

* * *

Neue Straftat? *Stellungnahme eines Autobahnrasers, der von einem Polizeibeamten im nachfolgenden Streifenwagen belastet wurde:*

„Ich gebe den Verstoß nicht zu, weil der Schönling mich im Auto gar nicht sehen konnte. Alles andere später vor Gericht."

Australisches Harakiri auf dem Schulhof. *Aus einer Anzeige:*

„Der Beklagte kam auf den Kläger zugelaufen, rammte ihm den Bumerang in den Brustkorb und drehte ihn dort noch einmal um. Der Beklagte hat bis zum heutigen Tag trotz mehrerer disziplinarischer Maßnahmen, die die W-Schule gegen ihn verhängt hat, keinerlei Einsicht in das Unrecht seines Handelns gezeigt.“

Richter S. hatte Zweifel, ob die Verschärfung des Jugendstrafrechts wirklich den gewünschten Erfolg bringen würde.

Der Klassiker. *Für die Leihe gilt Mietrecht. Aus einer Klagerwiderung:*

„Sehr geehrte Damen und Herren!

(...) Ich als Leihe konnte ja nicht wissen, dass der Rat falsch war.“

Kreative Verteidigung. *Und dann war da noch Rechtsanwalt B., der in einem Ordnungswidrigkeitenverfahren steif und fest behauptete:*

> „ (...) dass die vier Schilder 40 und 60 seit 9:00 Uhr am Messtag, als sie definitiv noch vorhanden waren, bis zur Messung (...) um 13:00 Uhr geklaut worden sein könnten.“

* * *

Wie soll man da noch ein Wort ernst nehmen? *Aus einem Polizeiprotokoll:*

> „Ich bin über meine Rechte und Filmchen als Zeuge belehrt worden.“

* * *

Frechheit. *Streit über Kaufpreis für einen Pkw. In der mündlichen Verhandlung wurde zum Beweis das Original eines Kaufvertrags überreicht. Das zuvor auf der zur Akte gereichten Kopie Unleserliche entpuppte sich nunmehr als folgender Zusatz:*

> „Nur Richter und Idioten dürfen unterschreiben.“

Konter des Kollegen im Urteil:

> „Die Parteien verhandelten im Jahr 2006 über den Verkauf eines Pkw (...) an den Beklagten. Sodann unterschrieb der Beklagte auf einem (...) Formular auf dem Feld unter der Widerrufserklärung mit dem Zusatz 'Nur Richter und Idioten dürfen unterschreiben'.
>
> Der Beklagte ist unstreitig kein Richter.“

Fäkale Grundrechte. *Aus den Einlassungen eines falsch parkenden (Jura- ?) Studenten, dem ein Verwarnungsgeld auferlegt wurde:*

„Plötzlich überkamen mich starke Magenschmerzen und das schreckliche Gefühl, dass ich erheblichen Durchfall erleide. Ich konnte gerade noch verhindern, mir in meinem eigenen Auto buchstäblich in die Hose zu machen. (...)

Ich befand mich nach alledem in einer gegenwärtigen, nicht anders abwendbaren Gefahr für Leib und Ehre und handelte also in einem rechtfertigenden Notstand. (...)
Ich berufe mich insoweit auch auf die Konvention zum Schutz der Menschenrechte und Grundfreiheiten.
Ich appelliere an Ihr Verständnis und Ihre Menschlichkeit."

Trockene Antwort der Verwaltungsbehörde:

„Ihre Schreiben lassen nicht den Schluss zu, dass die mit der Inanspruchnahme einer legalen Parkmöglichkeit verbundene zeitliche Verzögerung zu körperlichen Schäden geführt hätte."

Darauf Dienstaufsichtsbeschwerde des Falschparkers:

„Ich ersuche Ihre Behörde (...) den Sachverhalt
insbesondere auch im Lichte des Artikels 1 Absatz 1
Grundgesetz zu beurteilen, wo es heißt: Die Würde des
Menschen ist unantastbar. Sie zu achten und zu schützen
ist Verpflichtung aller staatlichen Gewalt. Es ist nicht mit
dem Grundgesetz vereinbar, mir vorzuhalten, ich hätte
mich auf ein abenteuerliches Austesten verschiedener,
vermeintlich günstigerer Parkmöglichkeiten und
Lokalitäten einlassen müssen - mit der Gefahr eines
Körperschadens und des meine Menschenwürde
erniedrigenden Verrichtens meiner Notdurft in meine
Hose."

Bescheidung der Dienstaufsichtsbeschwerde sodann:

„Ich kann Sie beruhigen, (...) die Behandlung des
Sachverhalts wurde (...) unvoreingenommen und sachlich
vorgenommen."

Von Loriot geschrieben?

Das Protokoll einer Telekommunikations-überwachungsmaßnahme (abgehörtes Telefonat) bei zwei Verdächtigen, die u.a. ein Musikgeschäft bestohlen haben sollten:

A: Hallo?

B: Ja.

A: Was geht ab?

B: Was ist mit Kripo?

A: Keine Ahnung. Wieso?

B: Das frag ich dich. Das weiß C. sein Vater, Digger.

A: Was?

B: Das weiß C. sein Vadder, ne.

A: Was?

B: Ja.

A: Weißt du, was sagt sie, er?

B: C. sein Vater weiß das.

A: Ja, von wo?

B: Weiß ich nicht. Der hat D. das erzählt.

A: Jaja, ich habe mit ihm geredet. Ich meinte, das stimmt nicht und...
Erzähl das mal nicht jedem rum, Alter.
Was seid Ihr für Knechte, Alter. Jeder weiß das.

B: Ey, du Hurensohn.
   Hat hier irgendjemand was erzählt?
   D. hat mich darauf angesprochen.
   Ich sag: Was ist passiert - (unverständlich)
   – den Unglücklich, Digger.

A: Okay, Mann, nix los.

B: Ey, was ist jetzt los mit den Gitarren, Digger?

A: Keine Ahnung.

B: Hast du noch Geld bekommen?

A: Doch.

B: Wie?

A: Ja.

B: Wieviel?

A: 50.

B: warum hast du nicht Bescheid gesagt?

A: Oh, das habe ich schon seit einer Woche oder so.

B: Und wo ist der Rest?

A: Nein. (...)

B (spricht zum Hintergrund): Okay Mama.
(unverständlich).Ja, Mama.

Telefonat beendet."

Richter Alexander Hold verhandelt wieder....

Forever young. *Aus einem Polizeiprotokoll:*

„Beschreibung der Person:
- ca. 170 groß
- ordentlicher Bauchansatz
- graue Haare
- dunkler Hauttyp (wahrscheinlich Dreck)
- 73 Jahre jung."

§ § §

Bewohner von Marioland? *Aus dem Protokoll einer Schöffensache:*

„Er hatte Marioaner bei sich."

§ § §

Das Allerletzte: *Aus einem Wortlautprotokoll nach Aussetzung einer Strafgerichtsverhandlung, letzte Frage des Angeklagten:*

„Ey, Richter, darf ich jetzt gehen?"

Tim Oliver Feicke

„Deutschlands bekanntester Justizkarikaturist"
(Holsteiner Allgemeine Zeitung)

Jahrgang 1970, ist Richter in Schleswig-Holstein

1996 Gewinner des „Knix"-Comiczeichnerwettbewerb
unter Schirmherrschaft von Guillermo Mordillo

Ausstellungen
2002 Galerie Stuhlmann, Wedel
2008 Haus der Gerichte, Hamburg
2009 Amtsgericht Norderstedt
2010 Amtsgericht Elmshorn

Veröffentlichungen
2006 Cartoons für „Das WETTERMagazin"
2009 Cartoons für das Buch „Goldene Führungsregeln" der
Autorin Konstanze Görres-Ohde (BoD-Verlag, ISBN
9783837081435)

Aktuell (2010) erscheinen monatlich Cartoons u.a. in
„Deutsche Richterzeitung" (Verlag Wolterskluwer) ,
„NOTAR" (Deutscher Notarverlag) und
„RENOpraxis" (Deutscher RENOVerlag).

Weitere Cartoons erscheinen in Publikationen des Deutschen
Richterbundes, Mitgliederzeitungen diverser Landesverbände
sowie in den Schleswig-Holsteinischen Anzeigen.

Mehr Informationen unter **www.wunschcartoon.de**.

Tim Oliver Feicke ist verheiratet, hat drei Söhne und eine
Tochter.